UNE DEMEURE

DE

L'ANCIEN RÉGIME

PAR

Un Enfant du Peuple

ANGOULÊME

IMPRIMERIE ROUSSAUD

RUE TISON D'ARGENCE, 3

—

1883

UNE DEMEURE

DE

L'ANCIEN RÉGIME

PAR

Un Enfant du Peuple

ANGOULÊME

IMPRIMERIE ROUSSAUD

RUE TISON D'ARGENCE, 3

—

1883

UNE

DEMEURE DE L'ANCIEN RÉGIME

I.

Monsieur Coquelicot.

Aujourd'hui 18 avril, j'ai visité un antique manoir, propriété d'une famille illustre. La devise entourant l'écusson des ancêtres est : *In fide quiesco. Je me repose dans la foi.*

Oh !! traduit malicieusement le très spirituel M. Coquelicot, qui examine en même temps que nous le château : Je me repose sur mes murailles inaccessibles, sur mes fortifications crénelées, sur mes oubliettes garnies d'ossements (M. Coquelicot les a comptés et pesés), oubliettes terribles qui ne rendent plus leur proie : Je me repose, continue Coquelicot, posant ses fameuses balances, derrière mes grilles infranchissables, à la bonne heure. Quelle abomination tout de même que cet ancien régime, exclame

notre savant et ingénieux touriste et, s'échauffant pro·
gressivement, il menace de ne plus terminer.

II.

Coquelicot au cachot.

Citoyen Coquelicot, important personnage, je ne
suis qu'un gueux de clérical très renforcé et passa-
blement encroûté ; bref, fermé à ta radieuse lumière
qui ne pénètra jamais dans ma cave. Cependant, je
me permets de penser que si les obscurs cachots de
ce barbare donjon qui t'horripile tant, abritaient
jadis ta glorieuse espèce, ils rendaient alors à la
Société beau et bon service, oui, service des plus
signalés. Tes pareils et toi, pouviez être l'ornement
d'une prison, mais de la Société, c'est autre chose.
Vous étiez en cage et c'était parfait. Hélas ! que n'y
êtes-vous demeuré davantage dans cette bienheu-
reuse cage ! Utiles barreaux de fer, précieux verrous,
je serais presque tenté de vous bénir. 93 arrivé, vous
vous vengeâtes en y renfermant les honnêtes gens
dont vous étiez le terrifiant cauchemar depuis que
vous travailliez cette Société si affable autrefois, mais
subitement devenue, entre vos mains délicates et
pures, effroyablement grincheuse.

III.

Castels hospitaliers.

Ces vieux castels, d'ailleurs n'en furent pas moins

très abordables et très secourables aux pauvres gens, à ceux qui souffraient. Cette assertion vous déplaît, aimable citoyen. Eh bien ! parcourez leur histoire écrite par de dignes écrivains, que malheureusement vous ne lisez guère : la bonne compagnie, je le sais, vous a toujours paru insupportable. Ah ! si vous les lisiez, cela rabattrait sans doute votre effronté caquet. Et puis, l'hospitalité n'est pas votre vertu dominante, vous préférez jeter le pauvre sur le pavé de la rue avec d'injurieux et rebutants propos, l'appelant vermine et vagabond. C'est commode, mais peu brillant pour un homme qui se pique de se conduire infailliblement bien.

En tout cas, ces nobles, pieux et vaillants, savaient à merveille que : *Si le Seigneur ne bâtit une maison, c'est en vain que travaillent ceux qui la bâtissent : Nisi Dominus ædificaverit domum, in vanum laboraverunt qui ædificant eam* (1).

IV.

In fide quiesco.

Les vénérables descendants de ces anciens preux, actuellement trop rares, trop disparus, habitent encore le manoir. Autour d'eux, les portes disjointes peuvent à peine les protéger, leurs serrures ne tiennent plus et leurs gonds se détachent de la pierre : *In fide quiesco.*

(1) Ps. cxxvi. v. 1.

La foi, voilà certes une jolie et fière garde d'honneur. Seule, elle veille à ces portes délabrées. Toujours il en sera ainsi, la foi survivant seule à toutes les ruines. Que les débris s'entassent, la foi reste, vivante, impérissable. Amis, ennemis ; défenseurs, oppresseurs ; victimes, bourreaux passent et la foi triomphe.

De toutes parts, les murs s'écroulent comme la vie de ces augustes châtelains. Ils ne songent pas à les relever. A quoi bon. Leurs regards, leurs cœurs, sont tournés uniquement vers le ciel. La lampe vacille ; elle va s'éteindre dans un dernier et incomparable éclat dont la splendeur surpassera tout ce qui l'aura précédé. Leurs âmes immortelles montent, montent vers le Thabor éternel et s'y enracinent d'avance. Seules, désormais, elles doivent faire écho à la foi : *In fide quiesco.* Ce sont des diamants sans le plus petit grain de poussière ; trop éblouissants pour la terre, ils ne luisent déjà plus que pour la patrie céleste où ils plongent leurs feux. *In fide quiesco.*

Et quand les corps de ces dévoués et généreux seigneurs, affaissés peu à peu sous le poids de la gloire et des ans, s'acheminant à pas lents vers la tombe y seront enfin descendus, les blocs mousseux de leur château démantelé leur serviront de mausolée ; et sur la croix on inscrira : *In fide quiesco !*

V.

Quelques sentences.

A l'entrée principale de la grande avenue, on lit sur les chapiteaux à droite et à gauche :

Le sage vit de peu, Et par là il est riche.	Ne fais pas cuire le chevreau Dans le lait de sa mère.
—	—
L'homme voit le visage.	Dieu voit le cœur.
—	—
Souviens-toi d'où tu sors, Et ne forligne pas.	Fais ce que dois, Advienne que pourra.
—	—
Brouet de cour N'est pas héritage.	Le bien ne fait pas de bruit.

VI.

Dernières réflexions de Coquelicot.

Voilà de bien sots radotages, murmure entre ses dents le vilain Coquelicot. La Révolution libératrice des peuples, n'a donc pas promené jusqu'ici son glaive et sa torche? La Révolution n'est donc pas venue jusqu'ici effacer de telles stupidités, en supprimant ces monuments et leurs propriétaires ? Il y a donc encore d'odieux et maudits réactionnaires, échappés à sa guillotine tranchante et à son zèle dévorant qui nivelait pour tout égaliser? Il existe donc encore des brigands de barons, de comtes et de marquis, s'écrie dans son désespoir le tragique Coquelicot à demi suffoqué, littéralement hors de lui. Coquelicot, calme-toi; n'arrache pas les cheveux qui te restent. Conserve-toi, de grâce, pour achever d'assainir le pays.

En attendant, ô étrange et sinistre Coquelicot, je pleure, je me lamente avec toi, — mais sur ton aveuglement immense, incurable. Pauvre Coquelicot des nouvelles couches, tu nous en réserves !

Angoulême, le 21 avril 1883.

Fête de Saint-Anselme, grand athlète de Dieu.

Pour copie conforme,

Un Enfant du Peuple.

P.-S. On m'apprend que c'est Coquelicot qui a conseillé de retirer à certains braves curés de campagne le morceau de pain qui n'était, après tout, qu'une dette sacrée.

Si Coquelicot a ce pouvoir, nous irons loin. D'ailleurs, j'ai toujours pensé que cet enragé et envahissant Coquelicot reprendrait son œuvre de haine et de destruction. Le diable ne se convertit pas, et Coquelicot, cet ennemi juré des âmes et de Dieu, ne vaut pas même le diable.

Il n'y a plus un seul Etat, remarque Mgr Mislin, qui ait une législation chrétienne : les législateurs modernes ont découvert des principes *plus sûrs* que ceux du christianisme, des règles *plus sages* que les lois de Dieu. Ils n'ont pas de lois contre les blasphémateurs ; ils en ont contre les prédicateurs de l'Evangile. Les gouvernements décident les questions théologiques, ils opposent leur propre infaillibilité à celle de l'Eglise et déclarent que les dogmes catholiques sont des dangers pour les Etats. Ils persécutent les prêtres soumis à leurs devoirs et ils protégent ouvertement ceux qui se révoltent contre l'Eglise. (1).

Coquelicot se soucie bien de cela. Le désordre, l'anarchie, voilà l'élément de ce bohémien rouge et débraillé.

Autres prouesses de Coquelicot.

Cieux, entendez l'impie, entendez sa démence :
Le hasard a tout fait, même l'intelligence ;
Le monde est expliqué dès qu'il n'a plus d'auteur ;
On va régénérer l'œuvre du Créateur.
Ce qu'il a fait est mal ; ce qu'il enseigne un songe ;
La conscience un mot, la morale un mensonge,
La nature habitude, et la loi préjugé,
Et de ses vieux liens le monde est dégagé.
. . . . : il a dit dans sa rage :
Montrons, en détruisant, que rien n'est son ouvrage,
Que son culte aboli prouve que vainement
On l'a cru des Etats le premier fondement.
Plus d'avenir vengeur : que tout mortel qui pense
Sache que la raison est seule une puissance ;
Le monde instruit par nous, n'a plus besoin d'un Dieu. (2).

Ainsi déraisonnait, ainsi délirait le Coquelicot du temps de La Harpe. Depuis, il n'a fait que croître et embellir. C'est à présent un volumineux et impérieux

---

(1) Mgr Mislin. *Les Saints Lieux.* t. ii.
(2) *La Harpe.* Poème sur la religion.

Maître, affreusement gesticulant et besognant ; avec
cela, pourvu de linge et gonflé d'écus. Il débite et
exécute quantité innombrable de sottises, le tout à
la vapeur, et son criminel programme paraît, hélas !
ne plus être arrêté. Coquelicot aspire à dépasser
Robespierre son glorieux patron. (*Voir la note à la
fin de la brochure*).

***

M. Eug. de la Gournerie achève son intéressante
Histoire de Paris par cette admirable citation que je
transcris ici, dût-elle allonger un peu mon *Post-Scrip-
tum*.

Il s'agit de l'Hôtel-Dieu dont on vient d'expulser
les aumôniers installés par l'Eglise, fondatrice de la
sainte maison :

« Quand la maison fut en estat, racontent les chro-
niques, Saint Louis, assisté du roi Thibaut, son gen-
dre, y mit le premier malade, qu'il porta dans un
drap de soie, et il laissa le drap sur le lit du malade.
Louis et Philippe, ses deux fils aînés, portèrent de
même le second malade ; et, après eux, les barons qui
estoient présents portèrent les autres. » (1).

Oserais-je proposer ce trait aux méditations de
très haut et très puissant prince Coquelicot. Peut-être
s'en trouvera-t-il offensé. Ce chatouilleux et irascible
citoyen a probablement trop de génie pour être

(1) Eugène de la Gournerie. *Histoire de Paris et de ses monuments*.

jamais pris de ces royales et chrétiennes fantaisies. Elles le dégraderaient et il tient énormément et essentiellement à ne rien compromettre de son lustre. Sans doute, elles étaient dignes de ces bigots d'aristocrates à la vue courte, à l'esprit mesquin qui, en tant de façons, torturaient et pressuraient le peuple dont lui, Coquelicot, s'intitule le protecteur. Ah ! seigneur Coquelicot, que n'es-tu mort à leur place pour le bonheur et le repos du peuple.

[*]

Enfin Coquelicot, car il est inventif, a imaginé des sociétés de gymnastique sur une échelle colossale, jusqu'à en faire presque une machine gouvernementale.

Coquelicot est homme aux conceptions multiples et aux perspectives étendues. Il est à la fois fertile et farceur. Il ne chôme pas et il est insatiable. Il embrasse les variétés les plus disparates. Les accouplements les plus impraticables ne l'intimident pas. D'ailleurs, il s'entend aux exercices d'*assouplissement* (quel mot tendre et gracieux), de boxe et de voltige (1). Il est arlequin, clown, paillasse à volonté. Les grimaces, les pirouettes ne lui coûtent pas. Cet homme troué et démanché, plie en avant ou en arrière, rampe comme le serpent, bien que son respectable abdomen, engraissé dans les banquets, le gêne quelque peu. Quel être prodigieux et comme la

____

(1) Voir l'affiche d'une fête de gymnastique, apposée sur les murs.

nation ou du moins les sociétés de gymnastique doivent en être fières !

Ces sociétés, assez burlesques, paradaient, gambadaient, on s'en souvient, dans une récente et trop fameuse cavalcade funèbre. Leurs costumes bigarrés rivalisaient avec les tabliers, écharpes et autres ridicules oripeaux des francs-maçons, gymnastes eux aussi à leur manière. Tout cela est drôle, mais avouons-le, peu récréatif. Trop d'*assouplissement*, trop d'aplatissement, n'est-il pas vrai? ou mieux allais-je dire avec M. P. de Cassagnac, trop d'abêtissement.

La gymnastique, prêche à tout venant l'enthousiaste Coquelicot — enthousiasme aux proportions inquiétantes ne vous semble-t-il pas? — La gymnastique, voilà le ressort principal, voilà l'organe vital, voilà le salut de la société! Avec elle, plus de diplomatie, ce rouage absurde des absurdes monarchies! Un simple tour de gymnastique et voilà résolus les problèmes les plus ardus, voilà éclaircies les questions les plus embrouillées.

Pas si vite et pas si simple, Coquelicot. Une déception va te barrer la route, pauvre triomphateur. En effet, tu pourras te démener à ton aise, gymnastiquer jusqu'à extinction, te disloquer en tous sens, à l'envers comme à l'endroit, mais toujours sur ce point le singe te détrônera, toujours il sera plus agile et plus détraqué que toi. Comment surpasser ce gymnaste émérite ?

Mais que disais-je ? Pardonne-moi, ô Coquelicot ! N'oubliai-je pas que ce merveilleux singe, tu le reconnais pour ancêtre. N'oubliai-je pas qu'entre vous il ne saurait y avoir ni querelle ni jalousie. Aussi te laisserais-je avec lui dans ce doux tête-à-tête.

FIN.

NOTE.

On ne sera peut-être pas fâché de lire ces curieux passages du farouche Robespierre :

« Ils ont érigé l'immoralité, non-seulement en système, mais en religion ; ils ont cherché à éteindre tous les sentiments généreux de la nature par leur exemple autant que par leurs préceptes. Le méchant voudrait dans son cœur qu'il ne restât pas sur la terre un seul homme de bien, afin de n'y plus rencontrer un seul accusateur et de pouvoir y respirer en paix..... Nous avons entendu, qui croirait à cet excès d'impudeur, nous avons entendu dans une société populaire le traître Guadet dénoncer un citoyen pour avoir prononcé le nom de la Providence ; Nous avons entendu Hébert en accuser un autre pour avoir écrit contre l'athéisme. N'est-ce pas Vergniaud et Gensonné qui, à cette tribune, pérorèrent avec chaleur pour bannir du préambule de la constitution le nom de l'Etre suprême ?..... Ils embrassaient avec transport un système qui, confondant la destinée des bons et des méchants, ne laisse entre eux d'autre différence que les faveurs incertaines de la fortune, ni d'autre arbitre que le droit du plus fort et du plus rusé...

« Vous qui pleurez sur le cercueil d'un fils ou d'une épouse, êtes-vous consolés par celui qui vous dit qu'il ne reste plus d'eux qu'une vile poussière ? Malheureux, qui expirez sous les coups d'un assassin, votre dernier soupir est un appel à la justice éternelle ! L'innocence sur l'échafaud fait pâlir le tyran sur son char de triomphe. Aurait-elle cet ascendant, si le tombeau égalait l'oppresseur et l'opprimé ? Malheureux sophiste, de quel droit viens-tu arracher à l'innocence le sceptre de la raison pour le mettre dans les mains du crime, jeter un voile funèbre sur la nature, désespérer le malheur, réjouir le vice, attrister la vertu, dégrader l'humanité ?..... Si l'existence de Dieu, si l'immortalité de l'âme, n'étaient que des songes, elle serait encore la plus belle de toutes les conceptions de l'esprit humain !.... (1). »

N'est-ce pas que Robespierre en remontrerait à Coquelicot ?

______

(1) Rapport fait au nom du comité de salut public, par Maximilien Robespierre, etc., séance du 18 floréal an II.

Angoulême. — Imp. Roussaud.